JN440233

이인숙 시집

골담초꽃 달래장

문학사계

머리말

삼십 년 교직 생활을 청산하며 지인들께 드렸던 팸플릿 겸 짧은 단상에 덧대어 작은 책 한 권 만들자 했더니 황시인 햇볕에 내놓자 하신다.

풀꽃을 찾고 돌밭을 헤매는 것도 밟으면 밟혀주고 떠내면 떠내주는 잔디를 밟는 것도 호사스런 사치라 했다. 그것들은 우주와 교감할 수 있는 유일한 길이었고 나와 만나는 교각이었다.

果園에서 보낸 유년과 강암 선생님, 신석정 선생님 그분들의 말씀과 몸짓, 어느 하나 내 의식의 뿌리가 아닌 것 없으나 탱자나무 울타리의 비비새일 뿐.

나는 털고 일어나지 않으면 작은 날개 짓도 못하리라는 조바심으로 원석에 가까운 글을 내놓아 지인들에게 누가 되지 않을런지……

아버지 사랑방에서, 신석정 선생님 서재에서 잠시 스쳤던 인연이라 여겼는데 큰 은혜로 돌아올 줄이야…….

2009. 9. 10.

- 산정누옥에서 月淵 -

차　례

2. 자반 한 석작

3. 耳順

4. 중선배 선장 행복하겄수

5. 지리산 패랭이

작품해설 / 황송문

1

여로

우리는 모두 가슴에 무엇을 기른다.
천둥 먹구름 속 빈 하늘 헤매다가
푸른 안개 걷어내고 새벽을 연다.

여로

사람은 누구나 가슴에
숲을 가꾼다.
柳綠의 숲 淡綠의 숲 靑綠의 숲을.

한여름 잡초 우거져 자귀나무 꽃그늘에
길이 막혀도
돌아오는 길목에 노둣돌을 놓는다.

사람은 누구나 가슴에
바다를 기른다.
柳綠의 바다 淡綠의 바다 靑綠의 바다를.

끝없이 보채는 파도 앙탈하며 일탈하며
허망을 꿈꾸다가 산허리로 감돌아
돌아오는 길목에 거룻배를 놓는다.

우리는 모두 가슴에 무엇을 기른다.
천둥 먹구름속 빈 하늘 헤매다가
푸른 안개 걷어내고 새벽을 연다.

달개비꽃

그가
그곳에 자리한 것은
그의 탓이 아니다.

그냥 던져진 두엄더미 위
그냥 던져진 블록담장 밑
빛이 들지 않은
풀섶 속

향취도
독기도
나물밥에도 오르지 못한다.

제 몸의 물기로 뿌리를 내리고
제 몸의 끈기로 뻗어갈 뿐

몇 겹을 걸러낸
무미의 맛

새벽 세 시의 하늘을
갈아 일군 첫 물의 쪽빛

그가 원하는 건 손가락 한 마디의
자유다.
그 바람 위에 산을 데우고
그 바람 아래 강물을 그리고
빌딩을 세우고
다리를 놓는
미망의 덫
무위의 꽃이다.

그의 앞에는
박수도
상찬도
허용되지 않는
무위의 꽃
미망의 덫이다.

낙엽 소리

그대
한 번도 말하지 못한
낙엽의 소리 들리는가
낙엽은 밟지 않으면 소리 내지 않는다.

씨앗이 속눈을 뜨고
덤불속 반짝이는 눈부심으로
꽃이다가 열매다가
무거운 침묵으로
열매를 키우는 과목이다가

서리아침
열매를 떨구고
붉게 타는 낙엽
허공을
덤블링하듯 날아올라
우주를 뼘으로 재는 낙엽은
밟지 않으면 소리 내지 않는다.

그대
한 번도 말하지 못한
낙엽의 소리 들리는가
낙엽은 밟지 않으면
그 아픔을 말하지 않는다
그 살아온 내력을 말하지 않는다.

木蓮

꽃구름이더라.
地心까지 타드는 무더위 속에
흐벅지게 피어나는 물안개더라.

아 아
그러나 눈 잘리고 잎 잘린 몽당가지로
더러는 뿌리 뽑혀 몸살도 앓겠지.
검은 매연 흙가루에 깜부기도 일겠지.

사랑은 한평생 다듬은 나무지야
꽃눈 살피듯 꽃눈 살피듯
아픈 살 토닥토닥 가루분 터는 햇살
새살 돋는 그리움으로 움을 틔우라.
꿈을 꾸는 바래움으로 가지 뻗어나거라.

그리하여 어머니
곱다듬한 옥양목 진솔로 바래시듯
푸새움 싱그러운 목련동산이거라.

초롱꽃

서해안에 폭우와 해일이 인다는데
팽팽하게 부푼 꽃망울에
흙을 돋우고 지주를 세워야지.

어느 여름날
폭우 휩쓸어간 과원에
늘피하게 쏟아져 내린 초록 잎 깨진 과일들
산사태에 휩쓸려온 늙은 고목들

어머니
四月八日에 온밤을 창호등 밝혀놓고
함지박 둥둥 어둠을 쫓던 소리

나도 오늘
초롱꽃에 흙을 돋우고
지주를 세워야지.
서해안에 해일 일고 폭우가 인다는데
꽃초롱에 불을 밝혀야지.

대바람 소리 1

내 집을 지으면
대를 심으리라.

만경벌을 건너온 夕汀님의 시누대
남천교를 건너온 剛菴님의 묵죽을

사시장철 실눈금으로
소슬바람에도 서걱이는 風竹을

저승보다 깊은 침묵
눈보라에 머리숙인 雪竹을

내 집을 지으면
뒤 울에 대를 심으리라.

망망창창 드넓은 하늘
일엽편주 댓잎으로 흐르다가
산사태에 떠밀리면 뗏목으로 흐르다가

흐르다가 흐르다가
결은 결대로 마디는 마디대로
끝내는 대쪽으로 찢기는 아픔
아픔으로 빠개지는 사지에서

대바람 소릴
대바람 소릴 내리라.

대바람 소리 2

대숲에는
바람이 산다.
모시베 풀 먹이는 바람
창호지 날 세우는 바람
냇물에 금물 입히는 바람

아 아, 대숲에는
새우난 향이 산다
싱그런 이끼꽃 이울고
더러는 콩짜개난이
바위 등을 기더라만……

대숲에는
모시 두루마기 휘저으며
해오라비난 같이 칼칼한 음성
"좋은 자리 잘난 사람이 다 차지했어"

그분은

저자거리에서도
대박람 소릴 낸다
학 날개짓을 한다.

우전 녹차를 따며

나서 보아라.
골목길 빠져나와
산발치에 들어서면
보랏빛 오랑캐꽃 앉은뱅이 딱지꽃
가시 돋친 엉겅퀴 벌노랑이 피고진다.

풀숲이 우거진 산그늘에
족두리를 예쁘게 쓴 새댁은
얼레지 얼레지 네 이름을 부른다.

나서 보아라.
계곡이 보이는 남향바지 산기슭
사람들은 녹차순을 따다가 찔레순을 꺾으며
산도라지 캐다가도 취나물을 뜯는다.

뜯어도 뜯어도 다시 돋는 취나물
꺾어도 꺾어도 다시 돋는 고사리

나서 보아라

한 발짝만 나서면 이 땅 어디에나
돋아나는 쑥, 쑥맥 같은 우리의 산하를.

분죽

두 평 남짓 옥상에
매화 한 그루 심어놓고
대바람 소리 들어볼까 하여
분죽 한 분 심었더니

뾰족한 뿌리를 아무데나 들이댄다.
잎새만 무성하여 야생초만 망친다.
어렵사리 구해 심은
금새우난 금낭화
노루귀며 얼레지 복수초며 복주머니난

키우지 못할 나무는 베어내야 한다시며
아름드리 果木을 베어내던 아버지
知天命 지나 耳順에나 깨득이니
요 다음 내세에나 文理가 트일는지.

속병에 용하다는 옻닭이 약이라 하여
때깔만 유난스런 개옻나무에 속듯이

너희들 가꾸는 정원
행여 때깔에 속아
속 썩지 말거라.

조약돌 되기

되도록이면
파도세찬 계곡이지
조금만 유심히 보면
母岩이 어디에 있는지
알 수 있지.

하늘에서
뚝 떨어진 종자는
없으니까

처음부터 자글자글
구르는 조약돌은 없지.

경천동지 벽력에 금이 가고
모래알 조개껍질 비집고 들어가

생나무 빠개지듯
파도 속으로

퉁겨졌지

찢긴 살피를 소금물에 절이며
밤마다 소금기 배인 속옷을
널어 말렸지.

가끔씩
얼이든 육신 바스러질까
안으로 웅그는 차돌멩이지

처음부터 자글자글
구르는 조약돌은 없지.

조약돌의 애길 들어줄 이
파도뿐이지
바람뿐이지.

창밖에 눈발 내리고

창밖에 나비 나비 나비
처음엔 노크를 하다
손바닥으로 온몸으로 아우성치다
끝내는 한줄기 눈물이 되네.

그대
무성한 여름
빗장 걸고 자물쇠 채우고
초록빛 여린가지를 가지치고 흩트리고
단칼에 천둥번개로 목 자른 일 없는가.

아스라이 자욱한 하늘
다북솔 한포기 기르지 못해
바위등걸 하나 세우지 못해
눈 쌓인 등성이 발 디딜 곳 없어

이제는
어디라 목적도 없이

타박타박 걸어야 하리
이제는 어디라 자취도 없이
시나브로 져야하리 져야하리.

관음소심 꽃피우다

집 비운 사이
골목 어귀까지 향을 피우며
학 날개를 펼쳐
마중 나온 너

벽돌담 아래 황사 흙비도
칼날 땡볕도 가려주지 못했고

잎이 타면 물바가지 씌우고
햇볕에 덴 살
가위질로 잘랐지.

딸아이 시집보낼 때 난분을 주는 것은
정결함으로 기다림으로
오래 참아내야 새 촉이 나고
향을 피우리라는 그분 말씀

조바심으로 들쑤셔도 보고

조바심으로 들나리 할 때
아무런 대꾸도 표정 없던 너
벽돌담 아래 방치한 내게
옥양목 곱다듬은 몸매 새벽하늘 쪽빛 향으로
다가온 네 앞에
씻어도 씻어도 벗겨지지 않는
검버섯 핀 손등을 가린다.

개나리 축제

유달산 개나리 축제에 갔더니
노란 별꽃들 무더기로 내려와
오래고 긴 얘기
재잘거린다.

거리에서
학교에서
엄마없는 빈집에서
못다 한 긴 얘기
속닥거린다.

지난 겨울
호된 추위에
병아리 사육장에서
어깨를 짜고 숨져간 영혼들

못 다한 노래
못 다한 몸짓

옹긋쫑긋 모여 앉아
벚꽃구름 치알 친 꽃잔치다.

무료해진 나는

달거리하듯 해마다 도지는 기관지확장증
바람 든 무 속 마냥 구멍 숭숭 뚫렸는지
식염순지 뭔지 꽂아놓고 고무살에 꽂아대는
주사바늘.

처마 끝에 일자로 늘어선 고드름에
금바늘 햇살 꽂혀 장단 맞춰 떨어지던
낙숫물 소리
기차화통에 석탄 퍼 넣을 때
연기 풀풀 뿜어내듯 가습기는 안개비를 뿌리는데

무료해진 나는 마루를 닦으며
보라! 나는 우주의 한 모서리를 닦고 있느니
보라! 나는 인류를 위해 썩어가는 감자려니

무료해진 나는 心田을 갈 듯
먹을 갈아도 갈 之字 하나
열 十字 하나 동그라미 하나 그려내지 못하느니

벼루 일곱 막창내고 붓 천 자루 뭉그려 이룬 이름
완당선생
초의, 소치, 석파, 이당, 삼만선생에서 강암까지
흠모하는 그분들 신발 댓돌위에 가지런히 모셔놓고

무료해진 나는
녹슨 갈쿠리를 찾아 남해안 바닷가 돌밭이나 헤맬까
아니면 양지바른 풀밭에서 노란 벌노랑이
풀꽃이나 찾을까 무료해진 나는.

아열대를 그리다

네 이름 알지 못한 채
아마 아프리카 밀림 숲 그늘에서 묻어와
화장실 창틀에 놓인 지 두해 째.
그냥 비로드 두 잎으로
외롭다든가 어둡다든가 춥다고
응석 한번 없이 그냥 놓여진 조화로……

어느 날 좁쌀 같은 꽃망울 올망졸망
흰목을 뽑아 아리아로 비브리체로
창을 흔들며 향을 피우며 꽃피우다.
내 그제서
분청 목이 긴 화분에 옮겨 심고
미안하다 미안하다 미안하다.
세상사 요란을 떨어야 돌아보는 내가
부끄럽다 부끄럽다 부끄럽다.
아직도 네 이름 알지 못한 채
암자주빛 비로드 두 잎만으로
흰목을 길게 뽑아 아열대를 그리는가.

허수아비

열십자 장대에 손발 꿰고
그럴듯한 뱃속에 볏짚 채우고
외다리 장대타는 삐에로네-

잠수나 할까.
수천의 모공에 납추를 달고
그믐밤 별이 뜨는 深海에

끈적이는 정 다 풀어내고
들정 말정 다 바스러져
일파 만파에 손발 놓고 꿈도 놓고.
왁자지껄 돌아가는 세상
와글와글 들썩이는 세상

완도 정도리 몽돌이나
물거품으로 떠올라라.
멧새도 텃새도 떠나버린 논둑에서
꾸덕꾸덕 말라가는 허수아비

노래나 할까
허수아비 노래를.

향토문화관 스케치 1

향토문화관 앞뜰
수은등이 말간 눈을 뜨고
롤러스케이트를 밀고 바다로 나가
바지를 딱 까고 쉬를 한다.

처용의 달은
보자기를 펴놓고 새참을 들고
정읍사 여인은
고무신을 벗어놓고 발을 씻는다.

해일 일어
휩쓸어간 자리
서걱대던 조약돌 빠져나간 자리
바다는 속살 드러난 암반에
엎드려 꿈을 꾸고

낮달은 까치둥지에 앉아
기파랑의 조약돌을 줍는다.

향토문화관 스케치 2

난영가요제 끝난 뒷자리
바람 빠진 풍선이 달려가는데
검정 비닐봉지도 함께 달린다.

분수대 속에서 팔을 벌린 동상들
하늘 향해 비상하는데
바다 갈매기 끼룩거리며
솟대 위에 날아 앉는다.

어린아이 인라인을 타고
트럼펫을 든 할아버진 구부정하게
인라인을 밀고 가고
황사 마스크로 얼굴을 가린 아줌마 뒤를
내 발길에 채인
빈 깡통이 굴러간다.

써레질

되도록이면 가로등을 환하게 밝히고
깊은 그늘을 만들지 말아야지.
모든 장막 풀섶을 걷어

땡볕과
바람과
흙가루만 쉬게 하자.

밤새 덫에 걸려
징징거리는 모든 암컷들
왕잠자리 꿀꺽 삼킨 능청스런 꽃거미들
나무기둥에 숨어 봄을 기다리는 애벌레들

보삽을 깊게 질러
겨울땅을 갈아엎자.

지난 여름 웃자라게 한 폐비닐도 걷고

윤나고 폼나게 한 빈깡통 깨진병도 걷고

이 땅에
땡볕과
바람과
흙가루만 쉬게 하라.

세연정

어릴 적 봄은 온통
유록이었지.
찔레순을 따거나 삘기를 뽑던 손에
묻어나는 초록물
다슬기를 삶으면 우러나는
감청의 맑음이었지.

그 여름
폭우에 휩쓸려 떠밀려온 바닷가
기름때 묻은 발목을 빼낼 수가 없었지

폐기물 위에 올라가는 빌딩 아래
터진 수도관에 발을 담그고
끝없는 망망대해
완도 세연정을 떠올렸지.

아스라이 눈발 내리고
캄캄한 겨울바다에 나가보니

바다는 경지작업을 끝낸 정연한 질서 속에
도심보다 깊은 빌딩
화려한 꽃밭이었지
그 속에 빨간 동백은
세연정 연못에서 예쁘게 웃었지.

물레 1

사람은 막다른 골목에 서면
체면이고 염치고 없는가 보다.
사돈네 팔촌
얼치기 비치기까지
멕시코 할아버지 유모차에서
손을 내미는 손주가 부끄럽듯이
지나고 보면
얼굴이 화끈거릴 일이었어.

지금도
어느 골목에 서서
다이얼을 돌리고 서 있을
동생이 안쓰러워.

2

자반 한 석작

당신은 시집간 딸이 간조롬한
자반 한 석작이면 족하시다던
어머니
당신의 무덤에
몇 뼘의 햇살이 남았더니이까?

자반 한 석작

대문에 꽂혀있는
손창섭 화집 한 권
-벽돌담에 기대어 놓은 문짝들
녹슨 문고리-

아-!
잊고 살았다.
늦가을 햇살
갓 쑨 풀냄새

꾸덕꾸덕 말라가는 부각채반에
주여 한 뼘만 더 햇살 주시고
갓 바른 창호(窓戶)에
대바람 국화향
당글당글 마르게 하소서.

당신은 시집간 딸이 간조롬한
자반 한 석작이면 족하시다던

어머니
당신의 무덤에
몇 뼘의 햇살이 남았더니이까?

어머니 무덤에 쑥만 푸르더라

어머니 무덤에 갔더니
송장방아깨비도 숨어버리고

솥텅솥텅 울던 소쩍새도
날아가 버리고

갈잎 서넛 내려앉아
지난 세월 조곤조곤 속삭이다가
화들짝 바람에 실려
날아가버리데-

마른 잔디 들춰
쑥뿌리를 뽑아내니

아서라.
머리에 서리 내리는 거
순리러니

흰머리나 쑥뿌리나

덧없는 것을

쑥뿌리 들추면
황토빛인걸
황토땅인걸.

무안 백련지에 가면

무안 백련지에 가면
진초록 바람이 산다.

모깃불 피워
날밤 새우던
어머니 부채바람

동구 밖 끝내 나서지 못한
함평이모 눈물바람

술독에 빠져 살던
무안 이숙 시궁창 바람
미아리 판잣집 흔들던
봉순이 다홍치마 바람

수렁인지 둠벙인지
어미 발목 잡는 새끼 바람
구멍 숭숭 뚫린 속내

치마폭에 가리고
뻘흙도 진탕도 앙금으로 가라앉혀
백옥같은 새끼 백련으로 떠오르고

가시밭길 화기
가시연으로
보랏빛 울증 부들로 피어

서럽고 시린 머리채 창포물에 헹구는
우렁각시 한숨 재우는
바람이 산다.

뻥덕어미 바람 재우는
바람이 산다.

강암선생 여린 새순 연두 잎으로 틔우고
八大山人 늙은 연 줄기 꺾는
바람이 산다.

며눌아가

청보리 꺾고 송피 벗겨
개떡 쪄먹던 보릿고개에
어매 밥 어매 밥
울던 아가야
문전걸식 밥 한술 얻으면
네게 먹인 어미다.

아비는 쇠전거리 청소하고
어미는 품 팔아 가르친 자식
어미 아비가 머슴이고 식모라니
공부한 자식 다 싸가지라.

전세 빼어 과외비 대고
노래방 도우미 가사 도우미
만삭 몸으로 비행기 타는
세상에 하나 뿐인 아가 우리 아가야.

골담초꽃 달래장

올해
유난히 많이 핀 골담초꽃

개나리 울타리
골담초 나무 밑

보금자리 한 어미 암탉
골 골 골

입맛 없으면
콩고물 밥 비벼줄까
밥이 보약이니-

밥맛 없으면
골담초 꽃밥 비벼줄까
참기름 치고
밥이 보약이니-
골 골 골

어미 울음에

골담초꽃 비벼먹던 노란 병아리
콩고물밥 비벼먹던 노란 병아리

쑥즙만 같은 요즘 세상
자식 데불고 동반자살
놀랄 것 없는 오늘 뉴스

아가
입맛 없으면
골담초꽃 달래장에
비벼 먹으렴
밥이 보약이니-

아버지의 경제학

기미 흉년에
죽 한 동이에 넘어간 죽 논배미
일곱 살 어린 나이에
온 들에 말목을 박았댔어.

불혹의 나이에도
빈 도시락 물배 채우고
오밤중에 더듬어 본
보리밭이랑
가슴까지 차올랐어.

사는 것은 조상과 자식 앞에
부끄러움 없어야
시렁 위에 올려놓은 꿈
햇볕에 너는 거지.

망했다는 사돈을 보면
부아가 끓어

주머니 동전도 눈을 뜨고 있어
주인이 아니다 싶으면 도망을 가지.

하아
강한 쇠는 부러지기 쉽고
기계도 기름 쳐야 오래 쓰는 것
한번 내리막이면
걷잡을 수 없는 것
부지깽이도 봄철이면 피리소리를 내고
녹슨 철근도 한여름이면 달개비
꽃을 피우는데

팽팽해지자.
놓아버린 생명줄
길 아닌 길에 길이 있는가.

송화다식

금강산 관광기념
송화 한 봉지 선물 받아

녹차 한 잔에 노란 야국 띄워 놓고
송화다식 입에 넣으면

송화 확 풀리던
그 맛이 날까 몰라.

늦은 봄 꾀꼬리 날면
뒷산에 올라
송화 가루 받아 오면
어머님이 찍어주던
노란 야국 송화다식

북의 어느 소녀가 털었을 송화
그 꾀꼬리 소리
묻어날까 몰라.

일상

아침 굶고 종종걸음 치는 큰아이
조교 임기 끝나면
의대 편입한다니
끝이 보이잖는 터널이다.

쉰 넘어 전임된 아비나
정년 앞두고
계단에서 떨어지고
교실 찾아 헤매는 꿈을 꾸는 어미나
삶은 암벽타기다.

면서기 하시면서
나가세 받으시러 다니실 때 아버지
조반 굶고 팔십리
고무신 닳을까 마을 앞 논물에 발 씻고
쌀독에다 금 그어
어미 살림 다닥드릴 때

어머니
아린 이를 찬물 한 동이로 지새웠고
손톱 발톱이 양은 조각 우그러지듯
삶은 생손앓이였다.

텔레비전을 켜니
은행빚 내 로또복권 사기

달리는 열차에 뛰어들기

혼자 죽기 억울하여
신나 뿌려 다함께 죽기

TV 채널 돌리자
섬진강 어디 매화촌에 매화꽃이 활짝.

40년만의 외출

지하철 매표소에 들르니
경로표 한 장 휙 하고 던져준다.

반백이 된 노인네가
유리창에 기대어
물끄러미 보고 있다.
반은 나고 반은 그다.

젊은 날 기적을 끌고
서울에 닿으면
오르고 내리는 사람들 속에
기적같이 만나질까.

기적 소리도 사라진 지금
경로석 힐끔거리는 이 버릇
아버지 곁에
앉아 있던
검은 옷 입은 사람

나를 보고 있다.
반은 나고 반은 그다.

瑞雪

하늘이 캄캄하게 서설이 내리던 날
빛바랜 흰옷에 물감을 들이다가
딸아이 셔츠에 물감이 묻었다.

제 옷을 들이대며 앙탈하는 큰아이
네 어미가 셔츠만 못하냐고
언제 좋은 옷 한 번 사주었느냐
얼마나 가르쳤고
해준 것이 무어냐

내 어미에게 퍼붓던 비수
내 가슴에 꽂힌다.
내가 퍼붓던 시퍼런 불길이
딸아이 들이댄 눈빛이다.

앞이 꽉 막혀
두 눈 질끈 감고 올려보는 하늘에서
어지러운 눈발 빰에 내리자

눈물처럼 녹는다.
그날도 어지러운 눈발
잿가루처럼 날렸을까.

靑梅

어느 날
첫사랑의 그것처럼
빛나보이던 황금빛 언덕

환상처럼 눈발이
남고산 발치에서
청매 멍울 터트려

당신 내 손에
쥐어주던 희망 한 잎
나, 넘어지면 어쩌려구.

그 손 이승에서
잡아볼 수 없는
남천교 다리로 흐르는 절망 한 줄금
저
쓰러지면 어쩝니까.

더 이상 초록이 아니야

요천수(남원)다리 밑에서 거적을 쓰고
애절하게 신음하는 거지에게
국밥 한 그릇 사 먹이니
벌떡 일어나 휘파람 불며 사라진 모습을
그대 뒷모습에서 만났을 때

강건너 둑에서 풀을 베던 오빠꾸(오수거지)
바지를 까고 꺼내보이던 모습을
신새벽을 흔들고 섰는
그대 얼굴에서 만났을 때

더 이상 초록은 초록이 아니다.

초록이 초록으로 빛나기 위해
각시거미 하루종일 꽁지에서 실을 뽑고
개미귀신 하루종일 따가운 모래톱에
허방을 놓고

음지의 땅

육신의 땅
밤새도록

신음앓아 맺힌 아침 이슬을
보석이라 하자.
눈물이라 하자.

초록이 초록으로 빛나기 위해
각시거미 하루 종일 꽁지에서 실을 뽑고
개미귀신 하루 종일 따가운 모래톱에
허방을 놓고.

숲속에서

잎이 무성한 숲에선
마른가지도 병든 잎새도
푸른 하늘도 오솔길도
보이지 않는다.

질펀한 녹음 속
구멍 난 유선에선 피고름이 흐르고
빨대를 들이미는 촉수들
밤나방은 꿀통을 휘젓는다.

더러는 빠무리 되고
더러는 깜부기 되어
흔적 없이 사라지는 씨앗들
푸른 배추벌레는 어린 잎 뒤에 숨었다.

흰 구름은 치알을 치고
유년에 날려 보낸
솜과자를 피워 올리고…….

고향 청보리 밭에서

고창 청보리 밭에서
방울소리 들었어
서커스 장에서 잘나가던 조랑말 청보리 밭에서
길 안내를 하고 있데.
청보리 밭에서
깜부기 먹던 친구
깜부기 내려앉은 내 손등 가리어도
흰 구름 위에서 웃고 있어
종달새 소리로 말하고 있어.
친구야 우리 요 다음에는
일찍 패지도
늦게 패지도 말자.
장끼 날아오르는 소리도 들으며
종달새 알도 품으며
넓지도 좁지도 않은
고향 들판에서
정겹게 어깨 짜고 익어가세나
노랗게 몸 뒤집으며 말라가세나.

잘 나가던 서커스 장 조랑말도
고창 청보리 밭에서 놀고 있으니
우리 고향 청보리 밭
돌고 놀세나.

果木

과일을 떨구고 난 果木이
하룻밤 사이에
붉게 물드는 건
잎새를 떨치려는
마지막 입맞춤일세.

칠년을 땅속에서
굼벵이로 살아온 매미가
아픈 사연을 아리아로 뽑는 것도
날개를 떨치려는
마지막 노래일세.

힘겨울수록
키를 낮추고
고개를 떨구고
가지를 치고 포기 나눔도
가을 과일에 단물 들게 함이라.

늪가에 억새풀꽃이
빈들에 포푸라잎이
은비늘 털어내어
나비되는 날

우리 잠들기까지
가수 김광석이 못다 한 노래
덩 더 덩더쿵
한마당 어울려 地心을 울려보세.
화가 오윤이 못다 그린 그림
맨 꼬래비 엎어져도 좋으이
치맛자락 밟히어 고꾸라져도 좋으이
덩더쿵 덩더
한마당 어울려 막춤을 추어보세.

꿈

먼지다리 건너 인파를 타고
우리 언제고 돌아가리 꿈꾸지.

금빛 햇살에 고드름이 풀리면
쑥이 돋는 언덕 타는 노을너머
샛별 뜨는 그곳에

블록 담장 밑
사금파리 찾아내어
흙밥짓고 나물무쳐
너도 냠냠
나도 냠냠

먼지다리 건너
인파를 타고

우리 언제고 돌아가리
꿈꾸지.

내 어릴 적 봄은

내 어릴 적 봄은 명주 솜털 보송보송
쑥이 돋는 언덕에선
머슴이 부는 버들피리소리
왜 그리 구슬픈지
아짐과 아재들이 먼 산으로 송키를 벗기러
가면서도
강변의 움쑥은 왜 못 캐게 하는지……

참꽃을 잘못 먹은 언니는
양지쪽에 쭈그려 앉아 닭잠을 자고
간을 빼먹는다는 문둥이는
다북솔밭에서 연기 피워 올리면
동구 밖 보름달은 쇠북소리를 내며
쫓아오다 골목에서 왜 그리 환하게 웃는지……

내 어릴 적 봄은
언덕 아래 옹달샘은 흙탕으로 흐려져도
세모래톱에서 맑은 물은 솟아나고

삐비나 찔레순은 해마다 그 자리에 돋아나는지……

올챙이알 떠있는 자리 우렁알이 떠있고
장끼 날아오른 자리 까투리는 종종걸음을 치고
유리구슬을 굴리는 종달새는 왜 보이지 않는지……

노란 장다리 밭엔 노란 나비만
하얀 장다리 밭엔 하얀 나비만
무속이 연뿌리처럼 숭숭 뚫리는 속내는 무엇
인지…….

3

耳順

어느 교수에게
"내가 인생을 잘못 살았수?" 했더니

나이 耳順이면 너그러워지시오
역순이요 逆順

耳順

둘째 교생실습 서류 넣으러 중학교에 들르니
선생님 딸이라는 말 안했으면 좋았을 걸.

돌아오는 차속에서 내가
인생을 잘못 살았나? 잘못 살았는가?

사립학교 교권 투쟁으로
버텨온 교직 스무 해.

어느 교수에게
"내가 인생을 잘못 살았수?" 했더니

나이 耳順이면 너그러워지시오
역순이요 逆順

자판기에서 커피 한 잔 뽑아
역순이 커피 한 잔 드시우.

민달팽이

돌아보면 캄캄하지도
어둡지도 않았어.

연탄불이 꺼져버린 아침
산동네 우물이 말라버린 아침

울타리 뜯고
원고지 찢어 아침을 짓고

멀건 국물에
그램 미달의 아이가
서서 나와도

선반 위에도 담벼락에도
번득이는 눈 낄낄거릴 때

미련 곰탱이였어
춤추는 삐에로였어

그냥
매어놓은 베틀에 앉아
북장단을 치느라

밑거름도 웃거름도
못해준 가실
그냥 땅심으로 크는 줄 알았어

베틀에서 내려와
쭉쭉이 한 번도 못해준 새끼가
실눈을 뜨고 바라볼 때
민달팽이 껍질에 숨을 데는 없었어

난 성실히 벽을 기었어
난 성실히 맨땅을 기었어
왕 소금에 녹을 준비 다 되었어.

입 다물라

정월 보름에
고사리 한 줌 시래기 한 줌
물에 담갔더니
실오리 같던 고사리가 아이 손가락만하다
수세미 같던 시래기가 아이 손바닥만하다.

양지바른 둔덕 솔바람 소리 재워두고
풀숲헤쳐 손바닥 한번 펴보지 못해도
제 할 일 다 한 고사리
아스라한 들녘 실바람 소리 잠재우고
하나의 소망 다져
뿌리로 길러낸 무시래기

고사리는 고사리로
시래기는 시래기로
살아온 자취 우러나는데
말하지 않아도 드러나는데

나는 왜 너스레치며
제 모습을 까발리는가
곁에 있으면 우러나는 나물처럼
제 향기를 풍기지 못하는가.

입 다물라 입 다물라 입 다물라
바람과 햇살과 땅김만으로
우러나는 향기
고사리는 고사리 내음
시래기는 시래기 내음
나는 나는 한세월 살고 야월 때
무슨 내음 우러날까
무슨 향내 묻어날까.

수런수런 가는 봄

병실 밖을
수런수런 가는 봄
화사한 거울 앞에 빈 손 부비다

넝마 주절대는 욕된 삶을 떨치고
앙상한 손등에는
어느 봄에나 물이 오를까.

병실 밖을
두런두런 가는 봄
화사한 햇살 눈이 부셔 돌아눕는다.

장다리 무 속마냥 마른 속병에
어느 봄에나 새살 차오르려나.

병실 밖을
왁자지껄 가는 봄
오관을 다 막고 손발 부리고

오직 그대 향해 열린 백자화병에
어느 봄에나 꽃이 피려나.

기관지확장증

바람 든 무 속인가
안산을 크렁크렁 울리던
사창아짐 기침소리

참나무 울장내어 꺾이는 소리
위도 팽나무 휘파람 소리
지리산 고로쇠나무 수액 오르는 소리
어떤 무당 방울소리

스무 해 분필가루 마시며
바람 든 무 속인가
탄광촌 진폐증 마시.

변명

오른쪽으로 세 번 왼쪽으로 세 번
어느 한쪽이 기울면 안 되는 종이접기처럼
손톱을 갈다 TV를 켠다.

이 땅의 모든 풀 이 땅의 모든 열매
보약 아닌 게 없단다.

오늘은 치매에 좋다는 카레를 하자.
감자를 넣어 둔 상자를 열어보니

누워 있는 삭신에서 수천 수백의 바늘침이
검붉은 바늘 침이 돋아 모골이 송연해진다.

쪼글쪼글 마른 살갗을 비집고
주렁주렁 열매를 달고 어미 살 속을
비집고 앉아 새끼를 키운다.

'하지에 감자를 캐려면 실기하지 않고

감자 눈에 칼을 깊게 넣어 잘라야 하느니라.
굶주린 호랑이가 초저녁에 어린 아이나
한밤중에 늙은 색시나 새벽이 되면
늙은 할마씨도 좋다 했다더구나
하루 종일 산속을 헤매도 정원에 심을
정원수를 찾기는 힘든 일이다.'

그날따라 마른 봇도랑처럼 금이 쩍쩍 간
아버지의 손등이 더 두려워 보였던 것 같다.

오늘 제때에 심어주지 못한 어미 가슴에
새끼들 독침을 꽂아댄들 무슨 할 말이 있겠
는가.

해일

그녀는 밥술이나 먹는다는
시골집 맏딸이었어
위장염이다 위하수다
흰죽이 되다 걸다 투정부렸어.

유록의 낙엽송이 청록 되는 초여름
손으로 비틀어도 돌지 않는
가시 앙상한 박제가 되어 벽에 걸렸어.

신새벽부터
두레박을 던져도 물 반 모래 반
감질나는 갈증으로
헹구어도 헹구어도 우중충한
마구 짓밟히는 걸레였어
아무나 분탕질한 비오는 날의 깔개였어.

그녀의 우물에 보름달이 천근의 산 그림자를
끌고 내려와

밤마다 돌멩이를 던졌드랬어
그녀가 가물거리는 의식을 끌고
아중리 방죽을 찾았을 때
캄캄한 칠흑의 강 밑으로
초여름의 봇물이 빠져나가는 소리 들렸어.

그 물은 찰랑거리는 논바닥을 적시고
물레방아를 돌리고
은하까지 솟아올라 구름다리를
만들 거란 환상을 보았드랬어.

그 물은
서방나라에서 물어 온
터미네이터였어 그 물은
지축까지 흔드는
쓰나미 해일이었어.

상수리나무

우리네 야산엔 상수리나무가 많다. 오며 가며 밑도 들기 전에 발로 구르다 안 되면 돌로 내려친다. 성급한 이는 떡메를 들고 와 생살을 짓찧는다. 열매를 많이 단 해는 아예 울장을 내버려 몸통만 덩그라니 남는다. 키 작은 무릎에서부터 한길 자란 허리 좀 더 크면 어깨. 아예 흰 수건을 질끈 동여맨 맨상투로 시린 겨울을 맞는다. 온 몸이 공이 투성이나 천성이 단단하고 속살이 매끄러워 잘하면 양가댁 안방 장식장으로 쓰이련만 겨우 한자 남짓 떡살이나 여인들 쌍륙놀이 말 노릇이 고작이다. 운이 좋아 손재주 있는 머슴 손에 안기면 지게 목발이나 지게다리 바작 받침으로 명줄을 잇겠지만 곧은 결 쩍 소리 한번 못하고 쇠죽솥에 던져지는 장작이나 안방이나 사랑방 군불 땔감이 고작인 신세다. 우리네 야산엔 질 좋은 상수리나무가 많다. 무릎관절에서 허리 관절 어깨 골절에 바닷가 빠돌을 주워 지지면 어혈이 풀린다는데 오늘도 목욕탕 한증탕엔 뭉친 어혈을 푸느라 쌩땀을 흘리는 여인네로 장사진을 이룬다. 모두가 결 좋은 상수리나무들이다.

잔디를 밟으며

우리는 잔디를 보면 왜 황홀해지는가.
그가 땅을 기지 않으면 좋아할 수 있을까
그가 밟아도 일어나지 않으면 사랑할 수 있을까.

가장 낮은 자리에서 뜨는 대로 떠주면서
옆자리 내어주고 땅심으로 크는 아이

허망한 곳 기가찬 곳 메우면서
지친 영혼 잠재우고 찢긴 강물 이어줘
쑥뿌리로 민들레로 크로바를
친구라 말하면서 어깨를 짜는 아이

그가 푸르지 않으면 희망은 없는 것
그가 눈부시지 않으면 소망도 없는 것

그가 땅을 기지 않으면 좋아할 수 있을까

그가 밟아 일어나지 않으면 사랑할 수 있을까
우리는 잔디를 보면 왜 황홀해지는가.

무제

늑골에 금이 갔는가
돌아눕기 힘들다.

전지하고 솎음질하고
철사를 감으면
굳은살이 박히고 피가 도는 나무처럼

파스 발라 압박붕대로 감으면
새살이 차려나

완도 정도리에 가면
눈이 부시게 아름다운 원석들
완도 수목원에 가면
이름 모를 숲 빼곡히 찬 수목들

밀물과 썰물의 오차로 명석이 되고
던져진 토양에 따라 굽다리 잡목이 되지

잘 자란 소나무 분재를 보면
장애인 올림픽 선수 같다.

눈이 부시게 아름다운 순간 뒤에
참아내야 할 인고

바람 햇빛 이슬만으로
우린 참으로 행복했네 라고
말하고
갈 수 있겠나
그대는 참으로 행복했네라고……

골목 풍경

밍크를 두른 애완견이
쓰레기를 뒤지는 백구를 컹컹 짖어대고

담 그늘에 코드를 꽂고 신음하는
고양이 울음에
전선줄에 매달린 낮달이
하얗게 질려있다.

장미 불빛 환한 철문 훌쩍 뛰어넘은 때죽나무
풀기 빳빳했던 시절 생각나
집집마다 알리바바의 부적을 새겨놓고
지문도 없이 사라진다.

네모던가 여섯모던가 보도블록을 세던
민들레 꽃씨
까만 몰탈을 뒤집어 쓴 채
백악기를 꿈꾼다.

참나무 울장내다

산울타리에
단단하고 수익성이 있겠다 싶어
상수리나무를 심었겠다.

몇 년 안 되어
발그레한 열매를
올망졸망
다산성이었나봐

가을도 되기 전에
밑도 들기 전에
오며 가며 흔들면
퐁퐁 빠졌댔어
생자로.

어느새
훌쩍 커버린 상수리나무
흔들어도 흔들어도 꿈쩍 안 하자

떡메를 들어 패대기를 쳤거들랑
온 산이 쩡쩡 울었지.

상처에 진이 생겨 굳은살이 박히고
뻣속이 하얗게 드러난 자리
대추나나리벌이 벌집을 지었댔어
하룻밤만 지나면
수북이 쌓이는 살 껍질
무서워진 산 임자
생솔가지 연기 피워
울장을 냈어
뇌성번개가 우르르 번쩍
초가을 하늘이 찢어지는 소리였어
몸통만 덩그마니 서 있는
참나무 둥치
시린 하늘에 삿대질 했어.

누에 넉잠자다

누에 넉잠자는 모습은
누르끼 부스스 굼뜨고 헤헤거리며
눈꼬리 짓무르고 시도 때도 없이
누렁방울 든 뽕잎 게걸스럽게
움찔거리고
퉁퉁 부어오른 배때기 뭉그적거리며
잠박에서 나뒹굴다
실눈은 감았는지 떴는지……
고장 난 블라인드처럼
누에 넉잠을 곱게 자려면
두 눈 딱 감고 어금니 앙다물고
서대지 않고 칼칼히 손 씻고
제자리 내어주고 뒷방에 앉아
물레에 실 올리듯
투명하게 고치를 지을 일이다.

손금

손금을 본다.
그믐밤에 고향길보다 환한

오르막에
언뜻언뜻 파아란 하늘도 보이고
내리막엔
되돌아 봐도 삼거리 또 삼거리

한밤중에 도깨비와 씨름도 하고
몽당귀신 썩은 새끼줄
그믐밤에 가마귀 날아들어
곡소리도 들리더라.

오래비 날개옷 삼줄 먹이듯
둥! 둥! 허공을 나는
가오리연 방패연 홍꼭지연

어디에 뿌리내릴까

어디에 자리 잡을까 근심걱정마라.
바람과 바람이 맞닿는 자리
이슬과 이슬이 손잡은 자리

노란 양지꽃 꽃다지
하늘타리 홀아비 꽃대도 피고
크렁크렁 피멍든 보랏빛 가슴도
앙징스레 제비꽃 엉겅퀴도 피더라.
우리네 야산엔 지천으로 피어나는
야생화더라.

그믐밤에
고향길보다 환한
손금을 본다.

맞선

까만 가물치 어쩌면 옹기 자배기
여린 콩밭 열무 같은 새끼 곁에 놓고

한 꺼풀 벗기면 다 같은 선혈에
흰 뼈려니

십대를 치열하게 살아야 이십대로
이십대를 치열하게 살아야 삼십대로

상투적인
선트림을 토해놓고

캄캄한 밤길에
도시의 휘황한 전깃불

집에 계단이 너무 어둡다.
내일은 현관에 등을 달아야 할까부다.

4

중선배 선장 행복하것수

한 가지만 좋았어도
아내라는 이름으로
내 서방 내놓아라
악 써 봤으까

중선배 선장 행복하것수.

중선배 선장 행복하것수

중선배 선장 이층집 벽에
사시사철 굴비두름 엮어 말리는데

마트에서 사온 역거리 맛
수입상이 절인 굴비 맛
간수배어 얼간한 영광굴비 맛
어느 것이 맛있을까 궁금했는데

내 서방 내놓아라 내 서방 내놓아라
붉은 머리 젊은 년 머리채 끌고
허리 밑 까발리며 내 것 내놔라
중선배 사모님 악쓰는 소리.
하필 이때에 떠올리는 말

내가 먼저 왔다 커피 도라
내가 먼저 왔다 커피 도라

몇 겁만의 환생인데

어렵사리 받은 몸 여한 없이 살게 두지

한 가지만 좋았어도
아내라는 이름으로
내 서방 내놓아라
악 써 봤으까

중선배 선장 행복하것수.

어떤 교사

사립학교 선생질 스무 해만 넘으면
목구멍이 포도청이라는
노래를 부르면서
한해에 두 번씩
명절병을 앓는다.

이사장 순으로 부장의 안색까지
지난해 불이익이 그 탓은 아니었나
자식 같은 동료에게
악수를 청한다.

자판기 차 한 잔도 거절하는
쩨쩨한 이유 알기에
누구도 빈말이라도
권하지 않는다.

감잎차에 밥 말아
점심 때우고

학자금 부쳐줄
명세서를 챙긴다.

겨울 연가

요즘 이혼 청구사유에
행복 추구권이 있다나

신혼 초에 이혼율이 40퍼센트라니
불혹의 나이엔 몇쌍이나 남을까.

현명한 현대인이면
사르트르와 보바르처럼

한 십년 살아보고
오른팔 왼팔에 새끼를 달 일이다.

요사이 안방을 달구는 <겨울연가>
배용준이나 최지우처럼 10년을 사귀어도
싸움 한 번 아니한 연인이라면 결혼할 일이다.

오백원으로 배추 한 포기를 사서
밥상에는 김치란 걸 올려야 한다는 아내와

오백원으로 콩나물을 사서
대엿새는 견딜 수 있다는 남편의
사고의 차이는 바다일까 강물일까.

결혼이란 자기가 바라는 나무로
가지치고 접목하여 되면 좋고 아니면 할 수 없으리라던
당신 말씀!
아니되어도 할 수 없는 결혼을 위해

생울타리치고 말목을 박으며
위대한 철옹성을 쌓아놓고
밤마다 대차대조표를 그리며
삼십년을 살아도 건질 것이 없다면
갈라서야 할 일이다.

어머니 당신 관뚜껑에 못을 박던 날
때깔좋은 목수건 한 장 둘러주지 못했다며

통곡하던 그분이 그곳에서 용서가 되십니까
용서가 되십니까.

시어머니 당신은 열에 아홉
시앗을 세다 그만두었다는데
용서가 되십니까
그곳에서는…….

빛과 그림자

작은 텃밭에서 꽃상추가 자라고
깊은 우물에서 맑은 물을 퍼올리다
깨어난 꿈

요즘 유행하는 리모델링 하면
햇볕을 받아낼까
쉰 넘어 얻은 집이
서북향일세.

하늘과 땅 빛과 그림자
남자와 여자 집주인과 세든 이
일상은 평행선인데

종일 TV는
대구지하철 화재사건
외계인 영화에나 나옴직한
찌그러진 괴물열차

“다음 생애에는 좋은 나라에 태어나
행복하게 살거라”
그 어머니의 통곡 절규

누구든 살다가
추락한다 싶으면
두 팔을 활짝 펴보자.

멈추려는 팽이는
채찍도 들면서

그래도
그랬다가
디오게네스처럼
남으로 앉아

작은 민들레나 꼬맹이 제비꽃
주름진 꽃씨로 싹틔워도 좋으이.

우리 모두는

우리 모두는
산이 되고 싶고
바위가 되고 싶고
대지가 되고 싶다.

바람에 잎새를 떨구며 흔들리다가
돌돌돌 계곡을 구르며
멍들고 깨어지다가
모이고 흩어지다
쌓이는 뻘밭이다가

우리 모두는 아무것도 아니다가

풀잎이다가 돌멩이다가
흙이다가 우뚝 솟은 산이다가
말없는 바위다가
가슴이 넓은 벌판이다가

우리 모두는 아무것도 아니다가

이 모든 것은
어머니를 그리워하는 것.

딸아이 결혼

"엄마! 나 시집가면 얼마 줄래?"
"남들만큼은 주지"
"나 어제 시댁에 인사했다"
"시 사주 내 놓아 봐"
용하다는 사주쟁이 찾아가
하루 사주보고
하루 상견례하고
하루 날 받아
삼일 만에 끝낸 결정.
딸아이 삼십년 헤매인 그림을
시댁에 선물하고
보름 만에 날 잡아
행복 이불 맞추고
일요일 창밖엔
안개인지 이슬인지
늦봄이 흐릿하다.

목화꽃 핀 공터에 서서

문익점이
붓대롱에 넣어 왔다는
목화꽃 핀 공터에
롤라인지 린나인지
시원하게 몰고 가는
청바지 커플

목화꽃이 발그레
웃고 서 있다.
그 맛일까.
등하교길 달달하고 땁달하던
다래 열매 그 맛일까.

가을걷이 끝난 빈 들
약 찬 고추 붉게 익어 가면
몽실 몽실 피어나던 목화송이
긴 긴 밤
씨아질에 피어나던 구름송이

수수깡에 구름 말아
할머니의 물레에서 실로 뽑혀
잉걸불 피워 솔질하여
베틀에 걸면

논이 되고 밭이 되고
아들 딸 혼수 되어
오색영롱한 꿈으로 피었는데

시래기죽 먹기 죽기보다 싫어
세 번 실패하고 밀항선 탔던
작은 아버지 주린 배를 달랬던 다래
그 맛일까.

나일론 슬리퍼 끌고 나와
목화꽃 핀 공터에 서서.

낮달 1

그녀는 푸른 달밤에 하얀 잠옷을 날리는
라이안의 처녀다.
辛酸의 가슴에 가시를 박고
남으로 낸 창에 베틀을 내건
할머니의 세목이다.
한여름에 잎을 떨구고
징징거리는 벌 나비 데불고
몰려오는 먹구름 온 몸으로 막으며
푸른 하늘 향해 삿대질하는
텅 빈 논둑의 허수아비다.
그녀는 찻잔에 내리는 暗香이다.
부러지지 않는 뚝심으로
댓돌 위를 버선발로 내려선
어머니 광목치마에서 풍기는
시큰한 바람이다.
그녀는 발속의 女人이다.
벽 속에 벽을 쌓고 박씨 한 알 심어두고
해질녘 피어난 하얀 박꽃
암벽을 오르는 하얀 낮달이다.

낮달 2

전선줄에 걸린 낮달
어젯밤 행보를 기억하나 몰라.

문틈으로 내민 손
처제 볼기짝을 더듬었었지

산통으로 비몽사몽
헤매는 아내를 두고
간호사 허벅지를 더듬었었지.

밤이면 밤마다
교교한 밤이슬을 마시며
담 그늘에 서서
전신주에 기대어
캄캄한 허공을 자맥질해도
가시지 않는 갈증
채워지지 않는 욕망
안달복달 하얗게 샌 밤

젖은 손 이슬로 닦고
전선줄에 매달려
어젯밤 기억을
하얗게 털어내고 있나 몰라.

고도를 생각한다

버스를 기다리다
고도를 생각한다.
앞으로 두 걸음
뒤로 두 걸음

손목 발목 흔들며
웅둥 잘린 가로수에
배치기도 해 본다.

두 팔을 하늘에 대고
쭉쭉이도 해 본다.

차종만큼 다르게 사는 사람들
차종만큼 다르게 보인 사람들

주머니 핸드폰을 만지작거리며
전철에 버스에 종종거릴 아이들

나의 무능 나의 변명이
도심을 쓸고 있는 할아버지 수레에 담겨
도심을 밀고 가는 할머니의 손수레에 나의 기우가 실려 있다.

가난이 대물림이라고
개천에서 용 나는 일
없을 거라고
자식도 경영이라며
운명을 만들어가는 잘난 사람들
상전이 벽해 되는 일
없을 거라면

갈릴레이 당신은
영원히 잠들라.

빛의 속도보다 빠른 레이저로
불치병을 다스리고

쏘아올린 위성에서
남의 집 안방을 들여다보고

언니는 누가 만들었는지
누가 길렀는지도 모를
입성을 하고 거울 앞에 서 있고
오빠는 지구촌 여인과
수화를 익힌다.

이 좋은 세상 팔팔하게 살아야 한다며
할머닌 방독면을 쓰고 뒤뚱뒤뚱
산책길에 나설 때

냉탕에서 열탕으로 열탕에서 냉탕으로
한약보다 쓴 냉커피를 마시며 어머니는
수액을 짜 내신다.

하느님 저를 살리시려면

쇠사다리를 내려주시고
저를 죽이시려면 썩은 새끼줄을 내려주십시오
천 길 낭떠러지 위에서 곡예하는 아버지.

탱자울타리 빠져나와

나 지금 가고 있어.
탱자 울타리 빠져나와
피 뚝뚝 흘리며
좀벌레처럼 벌떡 뒤집히며
하염없는 허공을 나뒹굴어

그분들 마주해도
바람소리 강물소리 깊이 모를 허방인데
구름은 늘상 정상을 가리고
산아래 발치에 풀꽃을 기르시고
민들레 풀씨를 엉겅퀴 꽃잎을

나 이제 알 것 같아.
속 탄 만큼 피어나는 물안개
산허리를 감도는 구름띠를 걷는 건
햇살인걸 바람인걸

나 이제 알 것 같아.

母岩이 갈라지고
뿔뿔이 흩어졌다 돌아와
밤낮없이 보채는 파도 잠재우며
달래는 건
바람인걸 햇살인걸.

지리산 야유회

내 옆의 박희선님
“유록의 대숲이 너무 아름다워서
눈물이 나네요”
고향 오솔길 고속도로 닦이고
지리산 꼭대기에 포장도로 뚫렸으니
저리 많이 잘린 산허리
저리 많이 깎인 산마루

칡넝쿨이 자라고 잡초 덮이면
가뭄든다 소텅
풍년든다 소쩍
내 안의 소쩍새
울어 줄란가
내 안의 꾀꼬리
날아 들란가.

지리산 그랜드호텔 앞뜰
낮엔 환하게 개망초 피고

밤엔 노란 달맞이 핀다
포장도로가 밀어올린 산 밑 마을
옹기종기 민가 몇 채
민박·토종꿀·토산품 판매함

그믐밤에 한숨 같은
박꽃이 피고
보름달 아래 호박꽃등 가물거린다.
밤새 토해낸 땅김
물안개로 피어
골 깊은 골짜기로 숨어버린다.

인연

당신과의 인연은
영겁의 시공 속에
반세기를 공유한
가장 아픈 실타래

미움과 연민을
상처와 실망을
기대와 배반을
물레처럼 돌리며
빈 돌쩌귀를 삐걱이며

그곳에서
알아볼 수 있을지…….

夕汀님이 주신 호랑가시

夕汀님이 심어주신 호랑가시 한그루
해마다 셋집 뜰에 옮겨 심어
아이들의 트리되다.

바람 세찬 바닷가
옥상에 흙을 올려
청매 한 그루와 나란히 심어놓다.

고즈넉한 봄밤이면
세모시 옷섶에 가린 청향 곁에
추상같은 칼잎새 속에
알알이 붉은 열매

그 분들
청홍으로
내게 주신 열매는
달무리처럼 번지는 그리움이다.

기름진 옥토가 아니라서
탱자가 되었노라는
가시덤불 속에 발톱을 세운
뱁새 울음이 무색쿠나.

깨어있는 밤

깊은 밤
깨어있을 때
구름장 흩어졌다 모여들고
달 가리고 별 가리고

먹구름 한 순간에 스러져
별이 뜬 심해를 본다.

수많은 별 만큼이나
쏟아져 내릴 풀꽃에
촛불을 든 풀꽃들

엽맥에 맺힌 이슬
뿌리를 타고
할머니의 할머니
어머니의 어머니 몸짓으로
석순이 솟듯

저 풀꽃 속 씨앗들
저 심해 속 별꽃들
된바람에 쓸렸다 일어서는
면사포 쓸리는 소리
숲은 일제히 나팔을 불고
아침을 연다.

도심의 매미소리

폐경을 맞은 보름달이
성냥갑 베란다를 희부죽이 기웃거리고
형광빛에 꼬인 말매미떼
밤낮으로 그물을 짠다.

그들이 헤집고들 한 치의 땅도
그들이 날아오를 한 뼘의 하늘도
아직 늦지 않았노라
말할 수 있었으면……

내소사 계곡 잔물결속에
한 십년 구르다 보면
푸른 달빛을 연주할 수 있으리라

아직 늦지 않았노라
말할 수 있었으면……
잠시 눈 붙인 말매미떼
저 부산스런 아침의 합주.

알감자

"오늘 곗날인데 선생님의 딸들 중매 서라 할까요?
어머니가 얌전하시니"

갑자기 파란 알감자에 싹이 돋아
오독오독 뜯어낸 싹눈을 바라보니
보라색 검버섯이 묻어나다.

여름 지나면
레이저로 지져볼까
요즘 시체는 오년 지나도 탈골 안된다드만

냉동실에 넣어둔 들깨나 콩나물콩에 싹이 나올까
뽀얀 알감자를 옥상 스티로폼 상자에 묻어보면 싹이 돋을까.

"잡초싹이 뿌리내리기 전에 가지치기 전에

뽑았어야 했는데
햇수로 별거한지 오년이나 됐어요”

꽃이 흐드러진 라일락 밑동을 톱으로 자르시며
결혼이란 자기가 이상하는 나무로 가꿔가다
되면 좋고 안 되어도 할 수 없는 것이라며
키우지 못할 가지는 잘라야 하느니라던
아버지-! 당신은 옳고 저는 틀렸습니까?
우리네 야산엔 수수 많은 풀들이
줄줄이 어울려 피데요.

내 그림자 속에는

내 그림자 속에는
그 쭈그려 앉는 모습이
그 뒤뚱거리는 걸음이
그 짜리몽땅한 다리가
움집에 기대어
하늘을 보며
쑥맥을 타고 온
손가락 단지하여 피 뚝뚝
흘리던 할머니가 따라온다.

친정 묏자리에 물을 부어
시댁 부모 모셔 시댁을 일으킨
떡 하나 주면 안 잡아먹지
호랑이도 무서워하는 응양 최씨
할머니가 따라온다.

기미만세 때
먹물 묻은 두루마기 시궁창에

넣지 못해
옥살이한 할아버지
살 공양하던 열녀
증조 할머니가 따라온다
따라온다.

내 그림자 속에는
일곱 살에 나물 캐다 회초리 맞고
열아홉 가마타고 대문밖에
처음 나서 본
열네 분 상 기제사 모시는 종부
양가 생가 시조부모 삼년복 벗고 나서
뒤울에 개나리 핀 봄
'너희는 해마다 노란 저고리 갈아입겠고나'
혼자 푸념하던
어머니가 따라온다.

내 그림자 속에는

'지집년과 사기그릇은 내돌리면 깨지니라'
쇠스랑 끌고나와 안산을
쩌렁쩌렁 울리며
'계집애 학교는 무슨 학교'
싸리문에 기대어 울던
내 유년이 따라온다.

따라온다.
장사밑천 아홉 번에
빚 받으러 보낸 영감
멱사리 끌고나온
시어머니 따라온다.

따라온다.
스무 살 물오른 조카
닛본 재벌에 팔려다가
콜라병 깨들고 패싸움하던
시이모가 따라온다 시누이들이 따라온다.

따라온다.
중매쟁이 허풍에 속아 처가 덕 못 본
마누라 짓이기는 서방 남방 따라온다
되 잡놈이 따라온다.

내 그림자 속에는
공부가 취미라며 주역을 궁시렁대는
백수 큰 아이가 따라온다.

내 그림자 속에는
밤을 낮 삼아
자판기를 두드려
누렇게 시들어가는 마른 댓잎 같은
둘째가 따라온다.

따라온다.
처용의 아내
정읍사 여인

황진이의 정염으로 한 판
잘 놀다간 무대에서
살풀이 살풀이하는
막내가 따라온다.

신호등

신호등만 지키고 가는 길은
신나고 쉬운 일이지

갑자기 역주행하고 싶어
고속도로 잘못 들어서면
까딱 저승길이지

모험이 무모함이 아닐 수도 있지
한라산 산죽밭에서
주목 열매 만나
길을 잃을 수도

곡성 어느 삼거리는
돌아가도 삼거리지

김유신의 말 목을 치는 일이
살다보면 더러 있지
그 길이 아니다 싶을 때

자기 발목을 치는 이
더러 있지

절벽에 세워둔 등대
한낮에는 허수아비지

외다리 허수아비가
빈 들을 지키지.

물레 2

마루에 과도 꽂고
못 마시는 술 마시며
"너 죽고 나 죽자 숨겨놓은 놈 있으면 데려와 봐"
"여자라고 결혼한 인생만이 인생인가요. 삼십년 제 삶이 후회스럽지 않으면 되는 거지요"
"그럼 됐다. 이후 말 않으마"

어찌 어찌 하여
서른 앞둔 섣달그믐
어줍잖은 객기 부려
혼례 치르고
밤차로 떠난 신혼여행
칠흑 같은 어둠 속
붉지도 푸르지도 않는
저승보다 아득한
송광사 계곡 물소리.

삼십 먹은 딸 앉혀 놓고

"줄 서있다는 놈 데려와 봐"
"엄마와 똑같은 삶을 살아야겠수"

지금도
송광사 계곡
저승보다 깊은 계곡 물소리 아득할까.

합류

결혼식의 끝잔치
양가 사진 찍기
신랑이 떡판이면 가족 모두 떡판
신부가 떡살이면 가족 모두 떡살.

냉천에서 흘러내린 손 시린 맑은 물도
논둑 밭둑 휘젓고 온 흐려진 황톳물도
합수정이 바위아래 한바탕
휘돌고 나면
이 물이 그 물인지
그 물이 이 물인지.

결혼식의 꽃잔치
양가 돌잔치
손가락이 닮았나
발가락이 닮았나
백일사진 붙여놓고
새끼 그림자 찾는 어미.

5

지리산 패랭이

노고단 정상을 오르다
연분홍 꽃패랭이
씨앗 받아 옥상에 뿌렸더니

훌적삼 앞섶 올라간
숙모가 웃고 섰다.

지리산 패랭이

노고단 정상을 오르다
연분홍 패랭이꽃
씨앗 받아 옥상에 뿌렸더니

훌적삼 앞섶 올라간
숙모가 웃고 섰다.

꽃도라지

심심산천에 백도라지
마른 선로가에서 서성이다
기름진 서방나라로 시집간 그대

줄기찬 억척으로
넌출넌출 뿌리를 뻗으며 돌아와

촛불 시위하듯
꽃무등을 타는구나.

삼색제비꽃

뒤울안 장독대 곁
봄볕을 예쁘게 접던
꼬맹이 시루밑꽃이
삼색 제비되어
전시장을 누비네 그려.

씨방

검은 땅을 비집고 올라오는 수선
팍팍한 수액을 끌어내
향을 피우는 청매

움 속에 갇혀 있던 노란 장다리
그들 모두는 뒤춤에
종을 달고 나온다.

지난 여름 황폐한 기억들
어미 손길로 상처 아물고
나팔을 불어
씨앗을 키운다.

달무리 안에
해무리 안에.

시누대

가뭇 비쭉 솟아
훌훌 다 떨치고

신들린 살바람
알몸으로 가누면서
뿌리에도 꿈을 내려
마디마디 자라는가

삼산의 운치이자
정원의 주인
夕汀님 네 멋은
어딘에 있뇨라고.

범부채

대흥사 골짜기에서
범부채를 캐어 와
옥상 모래톱에서 몇 년을 키웠더니
난장이 비비추와
앞서거니
뒤서거니
드·디·어
연두색 치마폭 앙징스레 펼쳐
꽃망울을 맹글다.

어차피
설악의 낙랑장송
지리산 자귀 될 수 없을 거면

욕망도 걸러내고
바램도 걸러내고

부처님 손길 같은 부챗살

가지런히 펼쳐
웃는 둥 마는 둥
작은 꽃을 피우거라.

매화, 봄비에 지다

간밤 세찬 봄비에
서설처럼 흩어진 꽃잎

허공에 가지 뻗어
손 한 번 흔들지 못하고 돌아서는 모습을
속빈 쭉정이의 아픔을
꽃들은 알까.

무심코 딛는 발걸음에
짓이겨진 꽃눈은 없는지

무심코 꺾은 가지에
흐트러진 새싹은 없는지

이 봄에 조심스레
문지방을 넘을 일이다.

돌밭을 그리며

일넌 중 물때 좋은 사릿발
진도 어디에선
바닷길이 열리고

스무 해 돌밭 매던
갈쿠리가 녹슨다.

"당신
壽石만큼
날 행복하게 해줬수?"

돌멩이도
꿈꿀 때에나
壽石으로 사는가.

낙월도에서

목포에서 여덟 시간만에
그 섬이 그 섬 같은데
상낙월도라나.

뱃머리 벗어나자
마대를 머리에 인 여인네들
그것이 돌이라나 수석이라나.

볏짚같이 노랗게 해풍에 바랜 머리
어깨까지 느린 총각
통닭 한 마리에 맥주 대접하자

광속에 가득 채워진 진묵색 보석들
평원석 연산석에 三段段石
물개 물형에 코주부까지
마대 곡간에 가득한 돌더미…

옆눈이 길게 찢긴 자라석

선물 받아
강암선생님께 선물하였지.

매월리에서

아홉시 물때면
동트기 전 어둑어둑 새벽길
지나가는 택시들이 고개를 빼고

비탈진 도로에 흔들리고 부딪치고
어스름 돌밭에 발 딛는 순간
오관을 집중하고
정기를 모아
오직 너와 만날
그 찬란한 순간을 위해

마구 불어오는 바람을 안고
갈쿠리로 모래 속을 헤집는 순간

오! 삼각산이 너보다 잘나랴
좌청룡 우백호에
수심까지 패었으니
너를 석방의 명당에 모시리라.

신여사댁

삼만 평 대지에 알맞춤한 果木들
등 굽은 해송사이 은빛동정 두른 고가
사시사철 무공해 나물을 밥상에 올리지.

그녀는 황토구들이 그리웠어 그 방은
가뭄에 논바닥 갈라지듯
금이 쩍쩍 갔드랬어.

황토박사 황교수님
소개해 드리고 나니
녹차 한잔에 속이 쓱쓱해져

TV를 켜니
전자파에 수맥까지 차단한다는
옥매트 선전이 한창이었어

옥매트 한 장과 덤으로 반장까지
19만 8천원…….

욕망

간다.
속 고쟁이 열 개를 입어도
가리워지지 않는 욕망의 아가리
속으로 간다.

무거운 매트리스 깔고
사운대는 불씨를 살리러 간다.

군살을 빼고
처진 뱃살을 자르고
모자라는 곳은 실리콘을 채워라
아침에는
괄약근을 조여
먹물을 튀기며
제 다리를 잘라먹는
뻘밭을 나서라.

천상의 하나님

지하의 용왕님
네 귀를 잡고 흔드시는 해변

야자수 그늘에
그네를 매러 간다.

그리움

묵 껍질처럼 자글거리는 손등을 보다
너와 내가 오르던 언덕 생각나
토끼풀 엮어 두 손 잡고 오르던 언덕 생각나

우리 서로가 살아 온 길 달라도
네 청라 언덕 노을이 곱고
내 청라 언덕 노을이 곱다.

까막재엔 하나 둘 저녁 등 켜지고
해발 동산엔 한 뼘 햇살 동동하겠지

수평선 보이는 언덕에 서면
떨어지는 태양은 하나인 것을

지평선 보이는 강둑에서면
지는 해는 하나인 것을

우리 얼마나 곱게 살아야

우리 얼마나 착하게 살아야

두 손 잡고 오르던 언덕에 설까
마주 앉아 지는 해를 나란히 볼까.

묵 껍질처럼 자글거리는 손등을 보며
그 시절 생각나 눈물이 난다.

果園 1

과수원은 일 년 열두 달 쉬는 날이 없어.
밖에서 보면 아름다운 정원처럼,
정녀들의 훈련터인양
순결한 산실처럼
아무리 추운 겨울에도 남바우를 쓴
할아버지와 아버지는 높은 사다리에서
하늘을 전지했어
멀리서도 가까이에서도 나무를 전지하는
가위 소리는 이발소 가위소리처럼
장단이 맞춰지고
잘못 자란 나무들
생가지 찢어지는 소리는 하늘이 찢어지는 소리였어.

果園 2

정월 한 달 내내 세배 손님을 치르고 나면
이월 영동 할머니께 바칠
댓잎 가지에 색동 리본을 달아
부엌 살강에 꽂아 놓고 상머슴 중머슴
꼬마머슴이 새로 들어와 사랑방에선
일 년 새경을 흥정하고
닭을 삶는다 돼지를 잡는다 잔치마당처럼
분주할 때 어머니의 광목치마에서도
바람소리가 일렁였어.
안방엔 동네 할머니들이 모여 앉아
무시루떡에 배 동치미를 먹으며
어쩌면 이 집 동치미 맛은 세상에서
제일 맛있을 거라며
뒤울안 대밭에선 참새소리 요란하고
고드름 녹아떨어지는 소리
금방이라도 논둑 밭둑에서 쑥이 올라올 것 같은
따사로운 햇살은 새털처럼 부드러웠어.

이튿날부터 일꾼들은 인분에 맵져(쌀 껍질)
를 넣어 썩힌
거름을 과수원에 넣어주고 읍내와 마을 아낙
들은
나무껍질을 벗겨주기 시작하면
질서 있게 사열하는 군대처럼
과수원은 붉은 제복을 갈아입었어.

果園 3

어느 달 밝은 삼월 밤 배꽃이 환하게 등불을 켜면 겨울 내내 갇혀 있던 처녀 총각들 아재와 아짐들 배 과수원에 몰려나와 차가운 봄밤이 후끈 후끈 달아올랐어. 꽃 중에 배꽃처럼 처녀의 젖꼭지처럼 발그레하고 봉곳한 꽃이 있을까. 신비한 꽃술이 하늘하늘 떨고 있는 걸 신부의 족두리 유리구슬이 흔들리는 것 같아. 결혼한 아재와 동네 처녀가 염정을 사르고 시집간 처녀는 달수도 못 채운 아기를 낳아 시댁에서 쫓겨난 일도 배꽃의 장난인거라. 아무리 아름다운 봄밤도 그믐이 되면 꽃가루는 눈가루처럼 날리고 과수원은 연두색 치알을 친 너울이 되지. 그 속에 앵두만한 배들이 숨어 있어. 한 배에 달린 새끼처럼. 서넛씩. 제일 실하고 튼실한 놈으로 남겨놓고 솎음질을 시작하면 하룻밤 사이에 엄지손 만하게 자라 밀림에서 사자가 제 새끼를 절벽에서 밀어내는 이치가 과수원에서 시작되거든. 하루 종일 소독 펌프로 돌리고 돌아온 아재는 소독복을 벗어들고 냇가로 향하고.

□ 해설

묵정밭 영산홍의 催眠期

黃松文

詩人·선문대 명예교수

이인숙의 시는 단적으로 말해서 묵정밭에 피어있는 영산홍이다. 요즈음 흔하게 보이는 개량종 꽃이 아니고, 어느 호젓한 암자나 종갓집 정원에 피었음직한 그런 고전적 꽃나무다.

그 꽃나무는 폭풍한설과 끔찍한 해일에 휩쓸리고 쥐어뜯기어지고도 묵정밭에나마 제 모습을 지니고 살아있다는 그 자체가 신기할 지경이다.

풍상을 겪는 동안에 내공이 다져짐으로써 철학적 안목을 갖게 된 점은 장점으로 작용하겠거니와 인생을 체념한 사람처럼 성해가는 묵정밭을 버려둔 채 도무지 잡초를 제거할 생각을 하지 않는다는 점이다.

그의 심저 깊은 곳에는 인생의 달관이랄까, 체념이랄까 세상을 다 살아버린 사람처럼 갈고 다듬는 일에 관심을 보이지 않는 것을 보면 "그걸 해서 뭐하냐"는 심드렁이 마치 법당의 비구니처럼 가부좌를 한 채 좌정하는 느낌이다. 그런데 그것은 먹물 옷의 좌정이 아니라 영산홍의 좌정이다. 그의 마음속에는 文房四友의 먹물의 분위기도 있지만, 영산홍의 분위기도 감추지 못한다. 그는 이 시편들까지도 버리고자 하는 먹물옷의 좌정과 꽃으로 솟고 싶어 하는 영산홍의 좌정이 서로 갈등하는 것 같다. 그는 결국 먹물 옷을 털고 나와 영산홍을 택함으로써 空卽是色이라는 부정을 통한 긍정 끝에 영산홍 같은 시집을 상재하게 되었다.

앞으로는 오랜 동안의 그 고집을 벗고 변해야 한다. 해묵은 언어의 밭에 잡초를 제거하고 돌아보지 않았던 스스로의 영산홍을 관리해야 한다. 고풍스러우면서도 정밀(靜謐)한 영산홍의 본디의 모습을 찾아야 한다.

사람은 누구나 가슴에
숲을 가꾼다.
柳綠의 숲 淡綠의 숲 靑綠의 숲을.

한여름 잡초 우거져 자귀나무 꽃그늘에
길이 막혀도
돌아오는 길목에 노둣돌을 놓는다.

사람은 누구나 가슴에
바다를 기른다.

柳綠의 바다 淡綠의 바다 靑綠의 바다를.

끝없이 보채는 파도 앙탈하며 일탈하며
허망을 꿈꾸다가 산허리로 감돌아
돌아오는 길목에 거룻배를 놓는다.

우리는 모두 가슴에 무엇을 기른다.
천둥 먹구름 속 빈 하늘 헤매다가
푸른 안개 걷어내고 새벽을 연다.

– 「여로(旅路)」 –

자유롭게 살고 싶어 하는 의지가 치열한 희망의 빛으로 나타난다. 柳綠과 淡綠과 靑綠을 차용해서 노둣돌과 거룻배를 취사선택하여 적소에 배치하는 품이 정석 바둑이다. 마치 난분에 아래로 쳐진 난초 한두 잎의 끝이 위로 향해 있듯 "푸른 안개 걷어내고 새벽을 연다."로 소망을 내비치는 게 범상치 않다.

둘째 교생실습 서류 넣으려 중학교에 들리니
선생님 딸이라는 말 안했으면 좋았을걸.

돌아오는 차속에서 내가
인생을 잘못 살았나? 잘못 살았는가?

사립학교 교권투쟁으로
버텨온 교직 스무 해.

어느 교수에게
“내가 인생을 잘못 살았수” 했더니

나이 耳順이면 너그러워지시오
역순이요 逆順

자판기에서 커피 한잔 뽑아
역순이 커피 한 잔 드시우.

– 「耳順」 –

여기에서는 ‘耳順’을 ‘逆順’으로 돌려치기 한 사연과 “역순이 커피 한 잔 드시우”라는 받아치는 아이러니가 절묘하다. 이순의 깨달음과 역순의 아이러니, 그리고 역순이의 알레고리로 은근한 해학을 살려낸다.

그대
한 번도 말하지 못한
낙엽의 소리 들리는가
낙엽은 밟지 않으면 소리 내지 않는다.

씨앗이 속눈을 뜨고
덤불속 반짝이는 눈부심으로
꽃이다가 열매다가
무거운 침묵으로
열매를 키우는 과목이다가

서리아침

열매를 떨구고
붉게 타는 낙엽
허공을 덤블링 하듯 날아올라
우주를 뼘으로 재는 낙엽은
밟지 않으면 소리 내지 않는다.

그대
한 번도 말하지 못한
낙엽의 소리 들리는가
낙엽은 밟지 않으면
그 아픔을 말하지 않는다
그 살아온 내력을 말하지 않는다.

– 「낙엽소리」 –

참을성 많은 조선 연인이 절조(節操)를 보여준 작품이다. 이 시의 제목으로 내세운 '낙엽소리'는 지은이 자신의 의식 세계를 의미한다.

여기에는 인생의 전 과정이 노정되어 있다. 씨앗에서 눈을 튼 꽃이다가 자라서 열매가 되고, 열매를 떨구고 붉게 타는 낙엽은 결국 이인숙 시인 자신의 상징적인 은유적 표현이라 하겠다.

우리네 야산엔 상수리나무가 많다. 오며 가며 밑도 들기 전에 발로 구르다 안 되면 돌로 내려친다. 성급한 이는 떡메를 들고와 생살을 짓찧는다. 열매를 많이 단 해는 아예 울장을 내버려 몸통만 덩그라니 남는다. 키 작은 무릎에서부터 한길 자란 허리 좀 더 크면 어깨. 아예 흰 수건을 질끈 동여맨 상투로 시린 겨울을 맞는다. 온 몸이 공이 투성이나 천성이 단단하고 속살이 매끄러워 잘하면 양가댁 안방 장식장으로 쓰이련만 겨우 한자 남짓 떡살이나 여인들 쌍육놀이 말 노릇이 고작이다. 운이 좋아 손재주 있는 머슴 손에 안기면 지게 목발이나 지게 다리 바작 받침으로 명줄을 잇겠지만, 곧은 결 쩍 소리 한번 못하고 쇠죽솥에 던져지는 장작이나 안방이나 사랑방 땔감이 고작인 신세다. 우리네 야산에 질 좋은 상수리나무가 많다. 무릎관절에서 허리 관절 어깨 골절에 바닷가 빠돌을 주워 지지면 어혈이 풀린다는 데 오늘도 목욕탕 한증탕엔 뭉친 어혈을 푸느라 생 땀을 흘리는 여인네로 장사진을 이룬다. 모두가 결 좋은 상수리나무들이다.

－「상수리나무」－

내 집을 지으면
대를 심으리라.

만경벌을 건너온 석정(夕汀)님의 시나대
남천교를 건너온 강암(剛庵)님의 묵죽을

사시장철 실눈금으로
소슬바람에도 서걱이는 風竹을

저승보다 깊은 침묵
눈보라에 머리 숙인 앙죽을

내 집을 지으면
뒤 울에 대를 심으리라.

망망창창 드넓은 하늘
일엽편주 댓잎으로 흐르다가
산사태에 떠밀리면 뗏목으로 흐르다가

흐르다가 흐르다가
결은 결대로 마디는 마디대로
끝내는 대쪽으로 찢기는 아픔
아픔으로 빠개지는 사지에서

대바람 소리
대바람 소릴 내리라.

－「대바람 소리」－

이 시인은 집을 지으면 대나무를 심고, 대바람 소리를 듣겠다고 표로하고 있다. 이 대나무나 대바람 소리는 신석정 시인이 즐겨 쓰는 '시나대'와 감암 송성용(宋成鏞) 선생의 묵죽(墨竹)이나 風竹이 내포한 심오한 정서로 유추하여 시로 형상화하고 있다.

꾸덕 꾸덕 말라가는 부각채반에
주여 한 뼘만 더 햇살 주시고
갓 바른 창호(窓戶)에
대바람 국화향
당글 당글 마르게 하소서

당신은 시집간 딸이 간조롬한
자반 한 석작이면 족하시다던
어머니, 당신의 무덤에
몇 뼘의 햇살이 남았더이까?

– 「자반 한 석작」 중 후반부 –

어머니
四月 八日에 온밤을 창호등 밝혀놓고
함지박 둥둥 어둠을 쫓던 소리

나도 오늘
초롱꽃에 흙을 돋우고
지주를 세워야지
서해안에 해일 일고 폭우가 인다는데
꽃초롱에 불을 밝혀야지.

– 「초롱꽃」 중 후반부 –

앞의 두 편의 시는 '대바람'과 '국화향' '자반' '창호등' '초롱꽃' 등의 낱말들이 의미하는 바와 같이 竹虛心虛를 느끼게 한다. 이인숙 시인의 시작품을 대하게 되면 지나친 자존심이 자기 에고에 갇힌 채 자유를 갈망하는 이중적 자기모순을 발견하게 된다. 양립할 수 없는 자기모순이다. 철학적 사고는 깊은데 어울리기 싫어하는 상반된 이율배반이다. 이는 마치 조개속의 돌이 진주가 되고 싶은데, 비벼지기 싫어

하는 이치와도 같다. 그러나 이러한 경우만 있는 것은 아니다. 기꺼이 비벼지면서 아픔을 감내하고자 하는 의지를 보이는 시편도 있다. 따라서 이 시인의 심리세계는 단순하지 않다. 그의 정서적 물살도 가늠하기 어렵다. 이를 좋게 말하면 達觀에서 오는 거라면, 다르게 말하면 체념에서 오는 게 아닌가 한다. 그러면서도 그는 달관이건 체념이건 아무튼 一筆揮之를 즐긴다. 한번 썼으면 그 뿐, 도무지 퇴고하는 법도 없고 조탁을 싫어한다. 그러나 그는 늦게 깨달았다. 자존심도 좋지만, 배설의 시에 머물 수 없다는 것을. 나이가 들면 이렇게 겸허하게 철이 드는 것일까? 네 잠을 잔 누에가 五齡期에 똥을 싸고 명주실을 뽑듯이, 배설의 시를 버리고 觀照의 시와 思索의 시로 거듭나는 탈바꿈은 참으로 반가운 경사가 아닐 수 없다.

柳綠의 숲 淡綠의 숲 靑綠의 숲을 꿈꾸고, 柳綠의 바다 淡綠의 바다 靑綠의 바다를 추구하는 이인숙 시인은 이제 묵정밭의 영산홍이 아니라 대(臺) 없는 壽石이요 淡綠 숲의 영산홍이다. 風霜을 겪어낸 鶴體의 날갯짓을 보는 듯하다.

이인숙 시집 골담초꽃 달래장

초판인쇄 2009년 10월 10일
초판발행 2009년 10월 12일
지 은 이 이인숙
발 행 인 황송문
펴 낸 곳 문학사계
주　　소 서울특별시 영등포구 문래6가
56-1 미주프라자 102호
전　　화 (016)561-5773
팩　　스 (02)2637-9759
이 메 일 songmoon12@hanmail.net
등　　록 2005년 9월 20일
제318-2007-000001호

ISBN 978-89-93768-15-2 03810

값 7,000원

배포처 자유문고 (02)2637-8988